Gérome Harjison
DIE W-TECHNIK
Eine Idee erobert die Welt!

GÉROME HARJISON

Die W-Technik

Eine Idee erobert die Welt!

DREI EICHEN VERLAG
D-8300 ERGOLDING

CIP-Titelaufnahme der Deutschen Bibliothek

Harjison, Gérome:
Die W-Technik : e. Idee erobert d. Welt / Gérome Harjison. –
1. Aufl., 1. – 4. Tsd. – Ergolding : Drei-Eichen-Verl., 1988
(Wissen für jedermann)
ISBN 3-7699-0479-6

ISBN 3-7699-0479-6
Verlagsnummer 479
Alle Rechte vorbehalten
© 1988 by Drei Eichen Verlag Manuel Kissener
D-8300 Ergolding
Nachdruck, auch auszugsweise, die fotomechanische
Wiedergabe, die Bearbeitung als Hörspiel, die Übertragung
durch Rundfunk, die Übernahme auf Datenträger sowie die
Übersetzung in andere Sprachen bedürfen der ausdrücklichen Genehmigung des Drei Eichen Verlages.
1. Auflage, 1.–4. Tausend 1988
Satz: Fotosatz-Service Weihrauch, Würzburg
Druck + Bindung: Ebner Ulm

Dieses Buch ist all denen gewidmet,
die sich für Ideen begeistern können,
denn Ihnen gehört die Zukunft ...

Viele Menschen sehen Dinge, wie sie sind
und fragen: WARUM?
Ich aber träume von Dingen, die niemals waren und
frage: WARUM NICHT?

(Robert Kennedy)

VORWORT

Es ist schön, zum Thema Management und Selbstmanagement einmal nicht ein Buch zu finden, das das stereotype Vokabular der Managementtheoretiker, Sozialwissenschaftler und Psychologen wiederspiegelt – und trotzdem Hand und Fuß hat.

Vom Stil her wirkt dieses Buch, als könnte es von einem asiatischen Weisen des 16. Jahrhunderts stammen – oder als Entwurf von Matthias Claudius vor seinem berühmten Brief an seinen Sohn. Die klassische, fast poetische Sprache täuscht. Dahinter verbirgt sich ein eulenspiegelhafter Sinn für das Einfache und Wahre, das sich beim Lesen sozusagen durch die Hintertür erschließt.

Wenn dieses Buch nur das heute verfügbare Wissen über die Prozeduren des Management und Selbstmanagement darstellen würde, wäre es angesichts seiner Sprache, die für jeden lesbar ist, sicher interessant. Es ist jedoch wesentlich mehr. Es zeichnet Grundlinien der Gesetze dieser Welt, gibt praxisorientierte Anregungen, wie man damit umgeht und nicht zuletzt eine Checkliste und eine prozedurale Handlungsanweisung, für das eigene Leben umzusetzen.

Angesichts der vielen Veröffentlichungen zu diesem Thema habe ich mich sehr über diesen Ansatz gefreut: mit dem Autor ein Mensch, der eigene Lebenserfahrungen, die er neugierig in sein Leben eingeladen hatte, umsetzt in Erkenntnis, Weisheit und praktischen

Hinweis. Statt wissenschaftlicher Hochsprache eher gleichnishafte Sprachbilder. Statt verbaler Überzeugungsbemühung die Einladung, mit Mut und Methode zum Tun zu kommen.

Überhaupt steht das Handeln, nicht so sehr das Philosophieren über das Handeln, im Vordergund dieses Buches. Dieses ist das alte Dilemma: Einerseits Menschen, die über Handeln reden und dazu viele Worte machen – zum andern Menschen, die handeln und deren Ergebnisse beredter sprechen als ihre Worte. Um diese Brücke geht es in diesem Buch.

Was der Autor als W-Technik bezeichnet, kann jedermann als Hilfsmittel zu Selbsterkenntnis, Erkenntnis und Entscheidungsfindung benutzen. Wer den ersten Teil dieses Buches ein zweites oder drittes Mal liest, vielleicht auch gelegentlich einige Seiten daraus nur zur Anregung liest, wird – vorausgesetzt, er ist ehrlich sich selber gegenüber – immer wieder Anregungen für die Gestaltung des eigenen Lebens finden.

Das Erfolgskonzept, das Gérome Harjison präsentiert, hat nichts zu tun mit starren Anweisungen, Tricks der Selbstmotivation etc. Es geht von dem aus, was wir als Folge unseres Denkens und Handelns in unserem Leben finden, dem, was erfolgt. Insofern handelt dieses Buch von dem bewußten Umgang von Ursache und Wirkung, von Bewußtheit, Anstrengung und Methode. Was mich neben der ungewöhnlichen Form, der Eigenwilligkeit des Ausdrucks und der Originalität der Aussage als wissenschaftlich orientierten Berater besonders gefreut hat: ich habe keine einzige Zeile gefunden, die nicht auch auf dem Boden der Wissenschaft steht. Was über die wissenschaftliche Sicht hinausgeht und doch von äußerster Bedeutung ist, steht hier im Vordergrund: der Mensch mit der in ihm liegenden Qualität, Schöpfer sein zu können. Bewußt und auch methodisch gekonnt mit dieser Schöpferkraft umzugehen, ist die Botschaft dieses Buches.

Insgesamt: ein Buch, nicht für die lauten Erfolgstypen, sondern eher für die stilleren und nachdenklichen, eher neugierigen, die ebenso ihren Anteil am Erfolg im Leben haben wollen.

Dr. Frank D. Peschanel

In dem Augenblick, in dem Ihnen Ihr Tastsinn den deutlichen und nicht mehr länger zu leugnenden Eindruck vermittelt, daß Sie in Ihren Schuhen bereits barfuß gehen, sollten Sie sich ernsthafte Gedanken über Ihre Situation machen.
Zwei Möglichkeiten können zu dieser Situation geführt haben.
Erstens: Ein erstklassiger und charmanter Verkäufer hat Sie restlos davon überzeugt, daß Sie in diesen Schuhen einen weit intimeren Kontakt zur Natur haben, als Ihre Mitmenschen, und daß Sie in diesen Schuhen, im wahrsten Sinne des Wortes, immer einen Schritt näher am Boden der Wirklichkeit wandeln, als andere.
In diesem Fall würde ich den Verkäufer beglückwünschen und ihn für eine Beförderung vorschlagen, da er in einer gehobenen Position sein Talent, andere Menschen „für dumm zu verkaufen", noch weit wirkungsvoller nutzen kann.
Bei der zweiten Möglichkeit müßte ich Ihnen mein Bedauern aussprechen.
Eine kleine Finanzspritze könnte in Ihrer Situation nahezu erstaunliche Wunder bewirken!
Doch liegt Ihr Problem in Ihren Schuhen begründet!
Wie wollen Sie jemanden (ohne Mitleid zu erwecken) mit diesen Schuhen so beeindrucken, daß dieser Ihnen das dringend benötigte Geld überläßt?

Sie könnten Überlegungen anstellen, eine Bank zu überfallen.
Vergessen Sie diese Idee!
In Ihren Schuhen würden Sie nicht weit kommen ...
Überhaupt können Sie alle Ideen und Überlegungen krimineller Natur getrost aus Ihren Gehirnwindungen subtrahieren.
Es ist nämlich ein weit verbreiteter Irrtum, anzunehmen, daß solches Geld leichter verdient sei, als Geld, für das Sie ehrlich gearbeitet haben.
Auch ein Banküberfall will gelernt sein!
Da aber diese Art von Tätigkeiten nicht zu Ihrer bisherigen Ausbildung gehört, müßten Sie zuvor eine langjährige Schulung in den eigens dafür vorgesehenen staatlichen Einrichtungen durchlaufen. Dabei begeben Sie sich aber in die Gefahr, Ihr Ziel aus den Augen zu verlieren: ein Paar neue Schuhe!
Bei einer kurz angestellten Kosten-Nutzen Analyse stellen Sie fest, daß Sie für ein paar neue Schuhe ca. 10 Jahre einsitzen müßten.
Das ist schon kein schlechtes Ergebnis!
Zu Bedenken ist lediglich, daß selbst ein Goldfischpärchen über den gleichen Zeitraum erheblich produktivere Ergebnisse vorweist ...
Somit ergibt sich folgende Frage:
Was haben Sie seit der Feststellung Ihrer desolaten Schuhsituation richtig gemacht?
Eine kluge Frage!
Überhaupt gibt es nur kluge Fragen.
Ab und zu erhält man darauf auch kluge Antworten.

Deshalb sollten Sie sich niemals mehr scheuen, Fragen zu stellen!
Was also haben Sie bis jetzt richtig gemacht?

Antwort: Sie haben Überlegungen angestellt!

Frage: Wonach haben Sie mit Ihren Überlegungen gesucht?

Antwort: Nach einer Idee, die es ermöglicht, ein Paar neue Schuhe zu kaufen.

Ihre Überlegungen galten demnach der Suche nach einer Ursache. Der Ursache aller Ursachen:

einer IDEE!

„Eine Idee müßte man haben. Der Rest wäre dann ganz einfach …". So oder ähnlich könnten Sie denken.
Heißt es nicht: „Eine Idee setzt sich durch oder eine Idee erobert die Welt …!"?
Man sagt aber auch: „eine *gute Idee* müßte man haben." Das bedeutet aber, es gibt gute und schlechte Ideen. Wer beurteilt das? Wer entscheidet das?

Frage: Was ist eine sogenannte ‚Schnapsidee'?

Antwort: Das ist eine Idee, die jemand durch oder während des Trinkens von hochprozentigem Alkohol bekommen hat.

Da aber die Aufnahme von Alkohol nicht nur das körperliche, sondern auch das geistige Tätigkeitsspektrum erheblich beeinträchtigt, handelt es sich in solchen Fällen zumeist um eine nicht durchführbare Idee.
Eine Idee ist demnach dann schlecht, wenn sie nicht realisierbar ist!

An dieser Stelle möchte ich eine Einschränkung machen: Eine Idee ist genau dann schlecht, wenn sie für niemanden und zu keiner Zeit realisierbar ist!
Gibt es das überhaupt?
Zumindest wird die Anzahl der sogenannten ‚schlechten' Ideen durch diese Definition auf ein Minimum reduziert.

Eine Idee war für mich schon immer etwas Faszinierendes. Sie hat aber auch etwas gefährliches an sich. Um das herauszufinden, benötigte ich einige Jahre.
Dieses Buch ist das Ergebnis all meiner Erfahrungen mit Ideen.
Ich bin in meinem Leben vielen Menschen begegnet, die erfüllt waren von wundervollen Ideen, gepaart mit ansteckender Begeisterung.
Jedesmal, wenn ich von einer neuen Idee hörte, packte mich das Fieber der Begeisterung.
„Jetzt klappt es bestimmt. Damit werden wir Millionär!"
So und ähnlich habe auch ich gedacht. „Die Idee ist der Anfang aller Dinge!".
Das war unser Motto, und mein Herz war immer voll Freude, wenn mir solche Menschen begegneten.
Angesichts dieses riesigen Ideenpotentials erschien mir das Problem der Arbeitslosigkeit unverständlich.
Eines Tages entdeckte ich ein eigenes, unvorstellbar großes Reservoir an Ideen in mir selbst.
Meine Begeisterung kannte keine Grenzen mehr!
Seltsamerweise traf ich ab und zu auf Menschen, die meine Begeisterung nicht teilen konnten.

In diesen Fällen war ich absolut sicher, daß ihr geistiges Fassungsvermögen einfach zu beschränkt war, um die Genialität einer Idee zu begreifen. Sie waren schlichtweg zu ‚dumm' und selbst schuld, wenn ihnen dadurch der absolut sichere Gewinn entgehen würde.

Tja – und der Gewinn war riesig!

In der Anfangszeit hielt er sich noch in überschaubaren Grenzen. 100.000,– DM im Jahr genügten uns schon. Doch dann stieg er gewaltig an.

Nachdem man sich eine ganze Bibliothek über ‚Erfolg und positives Denken' einverleibt hatte, waren alle Hemmungen überwunden.

Man sprach offen über mehrere Millionen DM, die man monatlich zu verdienen gedachte!

Es verging nicht viel Zeit, und wir hatten uns an den Zustand des Millionärseins gewöhnt.

Von dieser Position aus bedurfte es keines großen Mutes mehr, um den nächsten Schritt zu tun. Milliardengrößenordnungen konnten uns nicht länger schrecken.

Schließlich wußten wir ja nun, was wir alles mit positivem Denken anrichten konnten.

Und die Vorstellung Milliardär zu sein, erschien uns reizvoll. Unser Ideenpool würde uns in diese Lebenssituation bringen. Wir säßen an der Spitze eines Konzerns, der nichts anderes zu tun hätte, als unsere Ideen zu verwirklichen.

Das entsprach unserem Bewußtsein. Allein von daher wäre eine derartige Position angemessen gewesen!

Dies war eine Zeit, in der wir sehr glücklich waren. Ab

und zu wurden wir durch gewisse Realitäten etwas unsanft darauf aufmerksam gemacht, daß uns für die Verwirklichung unserer Ideen lediglich ein kleiner Milliardenkonzern fehlte ...
Doch schon bald folgten wir einer neuen Idee mit neuer Begeisterung.
Gleichzeitig suchten wir nach immer neuer Literatur über ‚Erfolg'.
Sein Geheimnis wollten wir erforschen. Und das taten wir! Es fiel uns auch kaum auf, daß wir, bei all unseren Träumen von Millionen, manchmal nicht einen Pfennig in der Tasche hatten. Wir wußten es eben besser – schließlich hatten wir die spezielle Literatur zu diesem Thema eingehend studiert.
Und das waren alles erfolgreiche Leute, die mußten das Geheimnis kennen!
So forschten wir weiter, entwickelten immer neue Ideen, und es wäre alles so geblieben, wie es war, wenn nicht etwas seltsames geschehen wäre ...
Heute kommt mir das, was wir damals taten, sehr befremdend vor. Und wenn mir heute jemand begegnet, der mir von einer ‚Superidee' erzählt, werde ich ganz traurig, denn nun gehöre auch ich zu den Menschen, die die Begeisterung für eine Idee nicht immer teilen können. Eine Idee wird nämlich erst dann wertvoll, wenn damit der ernsthafte Wunsch verbunden ist, diese auch umzusetzen. Das aber entsprach nicht unserem damaligen *Tun*.
Was wir damals taten, entspricht der Geschichte von dem Mann, der sich etwas zu essen kochen wollte.

Es kam ihm der Gedanke, daß er, bevor er mit dieser Tätigkeit beginnen konnte, erst einmal das Geheimnis der Ernährung erforschen müßte. Schließlich mußte er ja zunächst ergründen, was er überhaupt kochen wollte. Er entschloß sich deshalb zu einem Studium der Ernährungswissenschaft. Da fiel ihm ein, daß er, bevor er dieses Studium beginnen konnte, erst einmal die deutsche Sprache richtig beherrschen müßte, da ihm ansonsten vielleicht das eigentliche Geheimnis der Ernährung entgehen könnte. So entschloß er sich zu einem Studium der Germanistik. Da aber das Beste gerade gut genug für ihn war, begann er zuallererst Untersuchungen darüber anzustellen, welches die beste Universität im Lande ist ...

Meines Wissens nach ist sein Herd auch heute noch kalt! Das aber genau war es, was wir damals taten.

Wir vergaßen das Wesentliche!

Unser Tun bestand aus *nicht* tun.

Nun gibt es verschiedene Kategorien von Menschen.

Die einen müssen ihre Hand lediglich einmal auf eine heiße Ofenplatte legen, um gewisse physikalische Gesetzmäßigkeiten zu verstehen.

Bei den anderen bedarf es einer drei- bis viermaligen Wiederholung einer solchen Prozedur, um den sogenannten ‚Aahaaaa-Effekt' zu erzielen.

In der dritten Kategorie sind die langsamsten. Sie müssen bis zu zehnmal (und mehr) ihre Hand auf eine heiße Ofenplatte legen, bevor sie bereit sind zu akzeptieren, worum sie ihr physischer Körper schon beim erstenmal angefleht hat.

Sie glauben es einfach nicht!
Und das ist ihr Problem.
Zu dieser Kategorie von Menschen gehörten auch wir.
Darum dauerte es einige Jahre, bis wir, durch schmerzliche Erfahrungen geläutert, das Geheimnis der Geheimnisse fanden.
Das absolute, umwerfende Geheimnis des Erfolges lautet:

TUE ES!

Erfolg ist in der westlichen Zivilisation schon fast ein magisches Schlüsselwort.
Wenn Sie Erfolg haben, stehen Ihnen alle Türen offen.
Jeder (oder fast jeder) strebt es in der einen oder anderen Weise an.
Die *Erfolgreichen* werden umjubelt, geehrt und manchmal geradezu vergöttert.
Die Medien berichten über sie, und ihr TUN steht im Mittelpunkt öffentlicher Aufmerksamkeit.
Andere wiederum beobachten diese *Erfolgreichen*, und versuchen ihr Geheimnis zu ergründen. Sie schreiben ihre Beobachtungen auf und veröffentlichen diese in Büchern. Alle, die diesen *Erfolgreichen* zujubeln, wünschen sich selbst auch großen Erfolg. Darum suchen sie unentwegt Antwort auf die Fragen:
Was machen die *Erfolgreichen* anders als andere Menschen? Wie tun sie es?

Was unterscheidet sie von anderen?
Die Antwort – das Geheimnis – ist in den ersten beiden Fragen enthalten!
Sie *tun* – und sie *machen!!!*
Aber alle anderen *tun* doch auch etwas. Es ist doch nicht so, daß die anderen Tatenlos sind.
Wenn das Geheimnis des Erfolges im *Tun* liegt, müßten alle anderen Menschen ebenfalls erfolgreich sein – oder?
Sie sind es auch!!!
Sie, der Sie jetzt und hier lesen, egal wer Sie sind, egal wo Sie sind und egal was Sie tun, ich versichere Ihnen, Sie sind erfolgreich!!!
Gehen wir an dieser Stelle auf den Begriff *Erfolg* ein.
Was ist *Erfolg?*
Erfolg kommt von *erfolgen!*
Das heißt, irgendetwas *erfolgt* auf ein bestimmtes *Tun.*
Ich will es an einem kleinen Beispiel erläutern. Wenn Sie erlauben, mache ich Sie hier und jetzt zu einem erfolgreichen Menschen. Sie müssen lediglich präzise meinen Anweisungen folgen!
Nehmen Sie bitte ein leeres Glas in die Hand.
Haben Sie das gemacht?
Nein?
Sie können nicht, da Sie lieber erst einmal Ihre Schuhsituation regeln möchten, und Ihnen nicht einmal ein Glas zur Verfügung steht?
Dann wären Sie bereits jetzt ein Versager!
Nicht einmal diese Aufgabe können Sie lösen?
Nun gut – besuchen Sie einen Freund.

Dieser wird Ihnen sicher etwas zu trinken anbieten. Leeren Sie das Glas und behalten Sie es in den Händen. Jetzt haben Sie die erste gestellte Aufgabe gelöst.
Was ist die *Folge Ihres Tuns?*
Antwort: Sie halten ein leeres Glas in Händen.
Gratuliere!
Dies ist der erste, wenn auch kleine Erfolg! Nehmen Sie nun dieses Glas und donnern es mit all Ihrer Kraft gegen die Wohnzimmerwand.
Was passiert?
Sie haben das Glas in einen irreparablen, funktionsuntüchtigen Zustand versetzt, und Ihr Freund hat das erste Fragezeichen auf der Stirn.
Das ist Ihr *Erfolg*, denn es ist die Folge Ihres *Tuns*. Nun wiederholen Sie bitte diese Prozedur (mit funktionstüchtigen Gläsern versteht sich) – sagen wir 100 mal.
Was ist das Ergebnis?
Das Wohnzimmer Ihres Freundes gleicht einem Scherbenmeer, Ihr Freund hat Ihnen die Freundschaft gekündigt und Sie hochkant rausgeschmissen, der Nachbar des Freundes, den Sie in den Zustand des Ärgers versetzt haben, hat sich bei seinem Vermieter beschwert, der daraufhin Ihrem Freund die Wohnung fristlos kündigt. Damit haben Sie nicht nur einen kleinen Erfolg, Sie haben den hundertfachen Erfolg.
Wenn Sie so wollen, sind Sie reich an Erfolgen – oder mit einem Wort:
Sie sind erfolgreich!
Sehen Sie? Es ist nicht weiter schwierig *erfolgreich* zu sein.

Erfolg ist nichts anderes, als die Wirkung, die auf ein ganz bestimmtes *Tun erfolgt.*
Das heißt, je mehr Sie tun, je mehr Ursachen Sie setzen, desto mehr Wirkungen (*Erfolge*) erzeugen Sie. Daraus folgt, daß jeder Mensch, selbst Sie und ich, im wahrsten Sinne des Wortes *erfolgreich* ist.
Und doch gibt es einen kleinen Unterschied zu den Menschen, die wir in der Regel als *erfolgreich* betrachten. Diese Menschen fühlen sich nämlich ganz wohl mit Ihrem Erfolg. Im Gegensatz zu all den vielen anderen ‚*erfolgreichen*' Menschen!
Der Unterschied ist schnell erklärt.
Bei diesen Menschen ist der *Erfolg* im Einklang mit ihren Zielen und Wünschen.
Sie haben sich ihren Erfolg gewünscht.
Mit anderen Worten: Sie haben durch ihr Tun ganz bestimmte *Wirkungen (Erfolg) erfolgen* lassen, die sie sich auch wünschten!

Schauen Sie sich nun bitte Ihre Situation an.
Sie stehen auf der Straße, tragen Schuhe, in denen Sie bereits barfuß gehen und haben Ihren besten Freund verloren. Ihr Exfreund verbreitet unterdessen, liebenswürdig wie er ist, die Information, daß er mit einem agressiven, depressiven *Versager* befreundet war. Von jetzt an ist es ziemlich gleich, was Sie tun, denn alle Welt wird Sie hilfreich darin unterstützen, das Bild eines Versagers zu repräsentieren.
Ihr Selbstbewußtsein nähert sich mit exponential steigender Geschwindigkeit dem Nullpunkt.

Niemand jubelt ihnen zu, obwohl Sie, nachgewiesenermaßen, ein erfolgreicher Mensch sind.
Diesen Reichtum an Erfolg muß ein anderer erst einmal aufweisen können.
Nun, Sie müssen zugeben, daß der Eindruck, den Sie anderen vermitteln, schon etwas merkwürdig ist.
Kaum lesen Sie ein Buch über erfolgreiches Handeln, da verwandeln Sie das Wohnzimmer Ihres besten Freundes in einen Scherbenhaufen ...
Nun ja – dies ist die erste große Lektion, die auch ich schon lernen mußte:
Benutzen Sie bitte bei allem, was Sie von nun an tun, Ihren gesunden Menschenverstand.

JEDER TRÄGT VERANTWORTUNG FÜR SEIN TUN!

Sie zahlen den Preis, für das was Sie tun.
Sie ernten die Wirkung.
Darum hören Sie nicht auf andere Menschen, die Ihnen sagen, was Sie tun sollen.
Hören Sie auch nicht auf dieses Buch!
Prüfen Sie!
Wenn Ihnen jemand sagt „Springen sie vom Olympiaturm in München", und Sie befolgen dies ohne zu hinterfragen, werden Sie feststellen, daß sich Ihr Körper in einem unvorteilhaften Zustand befindet und nicht der Körper desjenigen, der Sie dazu aufforderte.
Also:

FOLGEN SIE AB JETZT DEM SCHLAG IHRER EIGENEN TROMMEL!

Bevor ich Ihnen zeige, wie Sie aus Ihrer Situation wieder herauskommen, lassen Sie uns einen Augenblick bei dem Begriff *Versager* verweilen.
Wenn, wie bereits gezeigt, jeder Mensch erfolgreich ist, liegt die Vermutung nahe, daß vielleicht auch jeder ein Versager ist.
In dem Wort ‚versagen' steckt der Begriff ‚sagen'. Ein anderer Ausdruck dafür ist auch ‚sprechen'. Wenn Sie sich ‚versprechen', haben Sie etwas gesagt, das Sie nicht sagen wollten. Das heißt, zwischen dem, was Sie sagen wollten, und dem, was Sie tatsächlich sagten, besteht eine Diskrepanz. Mit anderen Worten, Sie haben Ihr Ziel (das, was Sie sagen wollten) nicht erreicht – Sie haben ‚versagt'! Wieviele erfolgreiche Manager erzählen uns von ihren Kindheitsträumen: Pilot oder Lokomotivführer! Wenn Sie es genau nehmen, ist ein solcher Spitzenmanager eines großen Konzerns ein *Versager*. Es ist ihm nämlich nicht gelungen sein ursprüngliches Ziel: ‚Lokomotivführer' zu erreichen. In diesem Sinne hat er eindeutig versagt!
Somit sind fast alle erfolgreichen sogenannten TOP-Manager *Versager*, denn fast alle hatten ursprünglich andere Ziele! Irgendwann jedoch haben sie sich ein neues Ziel gesetzt und dieses dann auch erreicht. Damit galten sie als *erfolgreich* und niemand sprach mehr über ihr *Versagen* bezüglich ihres ursprünglichen Zieles: Lokomotivführer, Pilot, etc. ...

Richtig muß es heißen: Niemand hat jemals über ihr *Versagen* gesprochen. Es wurde nie erwähnt!
Auch wird selten bemerkt, daß ein auf einem Gebiet ‚erfolgreicher' Mensch, auf vielen anderen Gebieten ein ‚Versager' ist.

In Witzen hören wir öfter, daß vorwiegend ‚geistig erfolgreiche' Menschen einen Hammer in der Regel dazu verwenden, ihren Daumen in die Wand zu schlagen, anstatt des dafür vorgesehenen Nagels.
Wieviele Daumen gibt es auf dieser Welt, die das *Versagen* ihres Herrn bezeugen könnten ...?
Dieses ‚versagen' wird schadenfroh belächelt. Niemand nimmt so etwas ernsthaft übel.
Woran liegt das?
Ein sogenannter TOP-Manager verdient zwar sein Geld damit, daß er ‚Nägel mit Köpfen macht', es ist aber nicht sein ‚erklärtes Ziel' Nägel in die Wand zu schlagen. Und da es nicht sein ‚erklärtes Ziel' ist, hat ein solches ‚versagen' weder große Auswirkungen auf seine Umwelt noch auf sein Selbstbewußtsein. Er weiß, daß ein Handwerker dieses Ziel (den Nagel in die Wand zu bringen) erfolgreich erreichen kann. Damit kommen wir zu einem interessanten Punkt. Einem Gesetz, wenn Sie so wollen:

UM ERFOLGREICH ZU SEIN, BRAUCHT
MAN NUR EIN ZIEL, NICHT TAUSENDE!

Die größtmögliche Sicherheit zu versagen, erreichen

Sie dadurch, daß Sie sich tausend Ziele setzen. Je mehr, desto sicherer!

Wie lange, glauben Sie, können Sie von einem nicht erreichten Ziel (Versagen) zum nächsten gehen, ohne Gefühle der Frustration und des Mißmutes aufzubauen?

Bei genauer Betrachtung stellen wir fest, daß ein *Erfolgreicher* es sich ziemlich einfach macht. Er verfolgt nur ein Ziel, erreicht es, und läßt sich feiern. Dabei erspart er sich die Frustration all der nicht erreichten Ziele.

Von daher hat es ein Versager in seinem Leben viel schwerer, womit wir wieder bei Ihnen wären.

Ich will nicht damit sagen, Sie seien ein Versager, denn ich weiß, und Sie wissen, wie *erfolgreich* Sie bereits sind. Damit gibt es schon mindestens zwei, die davon wissen, und Sie können sicher sein, es werden immer mehr ...

Was sagen Sie?

Dazu fehlt Ihnen das nötige Selbstbewußtsein?

Ein erfolgreicher Mensch hat ein großes Selbstbewußtsein, und da Sie dieses nicht haben, können Sie auch nie so richtig erfolgreich sein?

Betrachten wir an dieser Stelle kurz den Begriff *Selbstbewußtsein.*

Was ist hier die Ursache und was bitte ist die Wirkung? Ist das Selbstbewußtsein die Ursache für den Erfolg, oder ist der Erfolg die Ursache für das Selbstbewußtsein?

Was ist überhaupt Selbstbewußtsein?

Selbstbewußtsein ist *bewußt-selbst-sein* oder *bewußt sein* über sich *selbst.*

Wer sind Sie *selbst*?
Haben Sie die Antwort auf diese Frage schon realisiert?
Wenn ja, dann beglückwünsche ich Sie, denn dann haben Sie bereits Selbstrealisation oder besser, Sie sind *selbstbewußt*.
Wenn nein, steht eine Frage im Raum, deren Beantwortung ich Ihnen überlassen muß. Es würde den Rahmen dieses Buches sprengen. Sehr empfehlenswert zu dieser Frage ist ein Buch von Manuel Jork, „Selbstrealisation – die Kunst des Seins."
Doch bei allem Selbstbewußtsein, daß Sie vielleicht schon haben, werden Sie nicht unbedingt sicherer in Ihrem Auftreten, wenn Sie plötzlich mitten in einem Dschungel eine ernsthafte und vor allem lebhafte Diskussion mit einem Tiger darüber führen, wer von Ihnen beiden das Zeitliche zu segnen hat.
Sie wären in der Gesprächsführung erheblich sicherer, wenn Sie bereits auf entsprechende Erfahrungen zurückgreifen könnten.
Die Chancen eines Erfolges Ihrerseits, wachsen mit Ihrer Sicherheit, die auf Erfahrung begründet ist, auf Erfahrung mit gleichgearteten Situationen.
Was demnach oft im Zusammenhang mit Erfolg verwechselt wird, ist Selbstbewußtsein und *Selbstsicherheit*! Selbstsicherheit ist die Folge von Erfolg und schafft damit eine gute Basis für den nächsten Erfolg. Das heißt ein Erfolg zieht den nächsten nach sich, genauso wie ein Versagen das nächste nach sich zieht. Mit jedem Versagen verlieren Sie mehr und mehr an

Selbstsicherheit, bis Sie an einen Punkt kommen, an dem Sie überhaupt nicht mehr den Versuch unternehmen etwas zu tun, da Sie bereits fest mit Ihrem Mißerfolg rechnen.

JEDER MENSCH BESITZT AUF IRGENDEINEM GEBIET SELBSTSICHERHEIT!

Eine Putzfrau zum Beispiel, kann man sicherlich mit Bilanzen eines Milliardenkonzerns beeindrucken. Verlangen Sie aber von der Konzernleitung, sie solle die Fenster ihrer Büros eigenhändig! streifenfrei! reinigen, so können Sie mit erheblichen Unsicherheiten rechnen. Würde die Konzernleitung mit einer Putzfrau über das Thema „streifenfreies reinigen von Fenstern" diskutieren, hätten sie es mit einer selbstsicheren Frau zu tun. Es sei denn, der „TOP-Manager" spielte den „großen Chef" und würde die Putzfrau durch aufgeplusterte Gebärden und Benutzen einer unverständlichen Fachsprache so sehr beeindrucken, daß diese es vorzieht zu schweigen. Doch was wäre das Ergebnis einer solchen Vorgehensweise?
Die Putzfrau hielte den TOP-Manager für einen ‚eingebildeten Pinsel', der zu ‚dumm' ist ein Fenster zu putzen, und das Büro dieses Managers hätte fortan ‚Fenster mit Streifen'.
Darum machen Sie sich von nun an keine unnötigen Gedanken über Ihre Selbstsicherheit. Ich bin davon überzeugt, daß nicht einmal der Präsident der Vereinigten Staaten von Amerika Sie beeindrucken kann,

wenn dieser Ihnen erzählen wollte, wie Sie am besten ein leeres Glas in einen irreparablen, funktionsuntüchtigen Zustand versetzen. Ich vermute, daß sie einen fast hundertfachen Erfahrungsvorsprung haben ...

Nun gibt es viele Menschen, die sich in einer ähnlichen Situation befinden, wie Sie. Vielleicht sind deren Schuhe nicht ganz so desolat, wie die Ihrigen, aber die Grundsituation ist vergleichbar. Das Problem „eine gute Idee zu haben", ist von vielen bereits gelöst. Sie wissen lediglich nicht, wie sie diese Idee verwirklichen können.

Viele haben auch Hemmungen, weil sie glauben, sie brauchen erst Geld, um eine Idee umzusetzen. Daher kommt es häufig zu Aussagen wie:

„Wenn mir jemand 100.000,– DM (oder mehr) geben (möglichst schenken) würde, dann könnte ich meine Idee umsetzen (oder dann würde mir schon etwas einfallen ...). Aber mir gibt ja niemand das Geld!"

Was ist die Folge davon?

Die Idee wird niemals umgesetzt!

Das ist so ungefähr die sicherste Methode einen Traum nicht in Erfüllung gehen zu lassen. Man läßt es einfach am Faktor Geld scheitern. So kann man sich selbst gegenüber sein *nicht-tun* rechtfertigen und das eigene Gewissen ist beruhigt!

Betrachten Sie jetzt einmal eine solche Aussage, „wenn mir jemand Geld gibt ...", von der anderen Seite. Stellen Sie sich bitte einmal vor, Sie hätten gerade 100.000,– DM auf Ihrem Küchenschrank liegen, und bräuchten diese zur Zeit nicht.

Sie überlegen, wie Sie dieses Geld am günstigsten anlegen können. Mitten in diese Überlegungen platzt ein junger Mann oder eine junge Frau hinein. Und diese(r) sagt Ihnen: „Wenn Sie mir Ihre 100.000,– DM geben, würde mir schon etwas einfallen, was ich damit machen könnte ...".
Sollten Sie humorvoll sein, werden Sie unter Umständen über ein solches Ansinnen lächeln.

Vielleicht verspüren aber auch Sie ernsthafte Zweifel, daß Sie einem solchen Menschen jemals Ihr Geld anvertrauen würden.
Woran liegt das?
Ganz einfach – Sie möchten mit Ihren 100.000,– DM als potentieller Geldgeber ernst genommen werden. Dieser junge Mann (diese junge Frau) erweckt in Ihnen aber den Eindruck, daß er (sie) sich augenscheinlich nicht einmal selbst ernst nimmt. Von daher liegt überhaupt keine Veranlassung vor, eine solche Investitionsmöglichkeit in Betracht zu ziehen.
Darum merken Sie sich:

NEHMEN SIE SICH UND ANDERE ERNST!

Sollten Sie dies bereits beachten, können Sie sich eine weitere Gelegenheit verschaffen, die Durchführung Ihrer Idee zu vereiteln.
Am einfachsten gelingt es Ihnen dadurch, daß Sie an einem gemütlichen Abend im Freundes- oder Bekanntenkreis von Ihrer Idee erzählen.

Was geschieht dann?
In der Regel wird sich jemand finden, der Ihnen sehr schnell verdeutlicht, warum Ihre Idee nicht funktioniert. Je nach Ihrem eigenen Temperament kommt es zum Streit. Doch der ist bereits unnötig, denn Ihre Idee ist kaum noch zu retten.
Genaugenommen muß man sagen, daß Ihre Idee ‚verhungert', da sie von Ihnen nicht weiter mit Nahrung versorgt wird. Um diesen Vorgang etwas zu verdeutlichen, ein kleines Beispiel:
Sie haben eine Eichel gefunden und pflanzen diese in die Erde eines Blumentopfes. Nach einiger Zeit der liebevollen Zuwendung Ihrerseits, schaut aus der Erde das erste Grün hervor.
Sie sind begeistert und freuen sich wie ein kleiner König. Darum erzählen Sie Ihren Freunden und Bekannten, daß Sie nun eine eigene Eiche großziehen wollen. Diese, Ihre Freunde, wissen natürlich viel besser Bescheid als Sie, denn jeder beschäftigt sich (wahrscheinlich schon seit Jahrhunderten) mit der Aufzucht von Eichen. Darum fällt es diesen „Experten" auch nicht schwer, Sie von der Unrealisierbarkeit Ihrer Vorstellung zu überzeugen. Nachdem Sie davon überzeugt sind, vernachlässigen Sie die kleine Pflanze, die daraufhin verstirbt. Ihre Freunde hatten demnach Recht!
Sollten Sie wieder eine Idee haben, empfehle ich Ihnen ein anderes Gesetz zur Anwendung zu bringen:

DAS GESETZ DES SCHWEIGENS!

Ihre Idee ist nichts anderes als eine junge Pflanze. Sie muß liebevoll betreut und behütet werden, wenn sie gedeihen soll. Und sie benötigt ständig Nahrung. Also behandeln Sie Ihre Idee mit dem gebührenden Respekt – und *schweigen Sie!*
Behandeln Sie Ihre nächste Idee etwas sorgfältiger. Mit der einfältigen Behandlung von Ideen haben wir alle genügend Erfahrungen gesammelt.
Wir sollten daraus lernen!
Hinzu kommt ein weiterer Punkt.
Im Falle Sie jedesmal, wenn Sie eine Idee haben, davon erzählen, und Ihre Zuhörer Ihnen Ihre Idee – natürlich in aller Freundschaft – zerstören, erzeugen Sie ein für Sie unangenehmes Bild von sich. Ihre Freunde sehen und hören nämlich lediglich das, was Sie *sagen* (Zielerklärung/Idee) und das, was Sie *tun* (*nicht tun/Nichterreichung des Ziels*). Das heißt, Sie erzählen immer wieder von Zielen, die Sie zu erreichen wünschen, aber nicht erreichen. Daraus folgt, daß man es bei Ihnen mit einem Phantasten, Träumer und Spinner zu tun hat. Mit einem Wort, man hält Sie für einen Versager.
Wenn Sie ein wirkliches Interesse an der Verwirklichung Ihrer Idee haben, dann merken Sie sich folgendes:

DIE WELT BEURTEILT SIE NACH IHREM TUN, UND NICHT NACH IHREN WORTEN!

Bei vielen Menschen liegt ein eklatanter Abgrund zwischen dem, was sie SAGEN und dem, was sie TUN.

Darum machen Sie sich diesen Grundsatz zu eigen. Wenden Sie es auf sich selbst, aber auch auf andere an! Beurteilen auch Sie andere Menschen nach ihren Taten. Nur dann können Sie zuverlässige Partner finden, die Ihnen unter Umständen bei der Verwirklichung Ihrer Idee behilflich sind.

Betrachten Sie sich auch selbst!
Schauen Sie sich an was Sie *sagen*, und wieviel Sie davon auch *tun*.
Doch erschrecken Sie nicht, Sie befinden sich da in bester Gesellschaft ...
Da die Welt Sie lediglich an Ihrem *Tun* mißt, besteht überhaupt kein Interesse an dem, was sie *sagen*.
Also *schweigen Sie* und *tun Sie*!
Wenn Sie Ihre Idee realisieren möchten, heißt das, daß Sie den jetzigen Zustand, Ihre jetzige Situation verändern wollen.
Um etwas zu verändern, müssen Sie etwas bewirken. Eine Wirkung rufen Sie hervor, indem Sie etwas verursachen. Sie müssen demnach Ursachen setzen, derart, daß die Wirkungen den von Ihnen gewünschten Ergebnissen entsprechen. Ursachen aber setzen Sie nicht, indem Sie *reden*, sondern indem Sie *tun*!

Sollte es Ihnen trotz allem passieren, daß Sie, im Übereifer der Gefühle, über Ihre Idee erzählen, und ein ‚guter Freund' Ihnen wieder einmal erklärt, warum Ihre Idee nicht umsetzbar ist, können Sie Ihrem Freund einen freundschaftlichen Hinweis geben.

Er befindet sich sozusagen ‚im falschen Film'. Niemand interessiert sich dafür, warum etwas nicht funktioniert. Das einzige, was von Bedeutung ist, ist die Fragestellung: *Wie* funktioniert es? *Was* muß man tun, damit es funktioniert? Wenn Ihnen demnach jemand erklärt, warum etwas nicht möglich ist, redet er am Thema vorbei! Darum heißt es auch:

ICH WILL NICHT WISSEN, WARUM ETWAS NICHT FUNKTIONIERT, SONDERN ICH WILL WISSEN, WIE ES DOCH FUNKTIONIERT!

Bemerken Sie, worauf diese Fragestellung hinausläuft? Die Aufmerksamkeit bleibt auf das Ziel gerichtet! Und das Ziel wird nicht gleich bei den erst besten Widerständen verworfen.

Ein Beispiel:
Zwei Männer, A und B, treffen sich an einem Samstag Nachmittag.
A fragt: „Hast Du Lust eine Partie Schach zu spielen?"
B denkt nach und antwortet: „Ja".
In diesem Augenblick ist bereits etwas entscheidendes geschehen. Während A lediglich Schach ‚spielen' möchte, hat B schon den Entschluß gefaßt, A matt zu setzen, noch bevor er den ersten Zug getan hat! Da die Fähigkeiten der beiden ungefähr gleichwertig sind, ist zu erwarten, daß B gewinnt.
Denn B's Ziel ist in Übereinstimmung mit dem Ziel des Spiels, und sein gesamtes Handeln (*Tun*) ist darauf

ausgerichtet. Bei A hingegen kann es geschehn, daß er erst nach 20 Zügen auf den Gedanken kommt, die Möglichkeit in Betracht zu ziehen, seinen Gegner matt zu setzen. Doch dann ist es zu spät!
In der Regel hat er nach 20 ziel- und planlos gemachten Zügen nur noch (wenn überhaupt) die Gelegenheit ein geringeres Ziel anzustreben:
Nicht zu verlieren!

Durch seine planlose Vorgehensweise erscheint für A sowohl ein Sieg, als auch eine Niederlage, immer wie ein Wunder (was es in der Tat auch ist!). Sieg und Niederlage haben für ihn etwas schicksalhaftes. Für B hingegen ist ein Sieg das Ergebnis einer von vornherein geplanten Handlung, und eine Niederlage die Folge einer Fehlplanung!
Das heißt nicht, daß er sich nicht freut, wenn er gewinnt. Aber für ihn ist alles überschaubar. Er kennt das Gesetz von Ursache und Wirkung. Jede Ursache hat eine bestimmte Wirkung. Will ich eine bestimmte Wirkung in meinem Leben, bedarf es einer entsprechenden Ursache.
Das Zauberwort heißt: zielorientiertes Handeln! Die W-Technik erleichtert uns dieses zielorientierte Handeln. Bevor ich nun diese Technik beschreibe, habe ich allerdings noch eine Bitte:

SEIEN SIE SICH SELBST
GEGENÜBER EHRLICH!

Denn: Es gibt nur einen Menschen, der Sie am schnellsten, einfachsten und überzeugendsten betrügen kann:

SIE SELBST!

Darum seien Sie ehrlich und nehmen Sie sich und Ihre Idee ernst!
Sie möchten ja auch, daß andere Sie ebenfalls ernst nehmen. Also behandeln Sie sich und Ihre Idee mit dem entsprechenden Respekt!

Zusammenfassung der wichtigsten Merksätze:

- TUE ES!
- Jeder ist *„erfolgreich"!*
- Jeder trägt Verantwortung für sein Tun!
- Folgen Sie ab jetzt dem Schlag Ihrer eigenen Trommel!
- Um erfolgreich zu sein, braucht man nur ein Ziel, nicht Tausende!
- Jeder Mensch besitzt auf irgendeinem Gebiet Selbstsicherheit!
- Nehmen Sie sich und andere ernst!
- Reden ist Silber – Schweigen ist Gold!
  (Das Gesetz des Schweigens)
- Die Welt beurteilt Sie nach Ihrem Tun, und nicht nach Ihren Worten!
- Ich will nicht wissen, warum etwas nicht funktioniert, sondern ich will wissen, wie es doch funktioniert!
- Seien Sie sich selbst gegenüber ehrlich, denn:
  Es gibt nur einen Menschen, der Sie am schnellsten, einfachsten und überzeugendsten betrügen kann:

  SIE SELBST!

DIE W-TECHNIK

Bei dieser Technik handelt es sich um eine präzise Fragetechnik, die es Ihnen ermöglicht, eine eigene Konzeption zu erarbeiten.
Dieses Konzept zeigt Ihnen dann den Weg – das *Wie!*
Für diese Technik ist es gleich, welches Ziel Sie sich setzen:
sei es Ausbildung, Beruf, ein kleiner Laden, ein großes Unternehmenskonzept oder die Erweiterung Ihres Bewußtseins.
Dieser Technik liegt ein Prinzip oder Gesetz zu Grunde:

WAHRHEIT IST IMMER EINFACH!

Rufen Sie sich dieses Gesetz immer wieder in Erinnerung, wenn Sie gerade damit beschäftigt sind, ein „Problem" zu lösen.
Alle Fragen der W-Technik haben eines gemeinsam – sie beginnen alle mit dem Buchstaben „W".
Wer, was, wo, wie, wann, warum, wozu, welche, ...

Wenn Sie nun weiterlesen, wird dieses Buch zu einem Arbeitsbuch.
Alle Fragen sind unbedingt schriftlich zu beantworten!
Sie fragen „Warum?"
Das ist ganz einfach!
Erstens sollten Sie Ihrer Idee den gebührenden Respekt zukommen lassen.

Und zweitens hätten Sie ansonsten Ihr Konzept lediglich in Ihrem Kopf.

Das wäre schon nicht schlecht, aber niemand kann es dort sehen. Für einen möglichen Geldgeber wäre das ebenfalls wenig überzeugend.

Wenn Sie nun alles aufschreiben, haben Sie ein Konzept in der Hand. Damit sind Sie auf der Ebene des *Tuns*, der Ebene der Ursachen.

Mit einem Konzept in der Hand aber haben Sie den größten Schritt bereits getan, denn ein japanisches Sprichwort sagt:

DER ANFANG IST DIE HÄLFTE VOM GANZEN!

Frage 1:   WAS WILL ICH?

Das ist die wichtigste Frage von allen!
Viele können nicht einmal diese Frage beantworten.
Doch versuchen Sie es!
Beantworten Sie diese Frage bitte schriftlich auf einer DIN A4 Seite. Nicht mehr!
Formulieren Sie klar und präzise.
Viele antworten auf die Frage „Was will ich?" mit „das ist doch klar!".
Nun, wenn dem so ist, dann schreiben Sie das, was klar ist, bitte auf. Oft höre ich Antworten der folgenden Art:
Ich will glücklich sein ...
Ich will Millionär sein ...
Ich will gesund sein ...
etc.
Diese Antworten sind ehrlich!
Aber werden Sie durch diese Antworten befähigt zu handeln? Können Sie durch planvolles Handeln Ihr Ziel ‚*glücklich sein*' erreichen?
Ich habe da meine Zweifel, denn wie es schon richtig formuliert wurde, handelt es sich bei dem *Glücklich sein* um einen *Seins-Zustand*.
Die Erfahrung zeigt, daß *glücklich sein* unabhängig vom *Tun* oder *Haben* ist.
Wieviele Millionäre gibt es, die unglücklich sind und umgekehrt. Nun scheint die Frage vielleicht doch mehr Schwierigkeiten zu bereiten, als ursprünglich angenommen. Diejenigen, die diese erste Frage ohne Mühe

für sich bereits beantwortet haben, können schon zu Frage 2 gehen.
Für die anderen gebe ich noch einige Hilfestellungen (soweit das möglich ist).
Wenn Sie nicht wissen, was Sie wollen, müssen Sie es halt herausfinden!
Dazu gehen wir noch einmal an den Anfang des Buches zurück. Sie suchten nach einer Idee, die es Ihnen ermöglicht ein Paar neue Schuhe zu bekommen.

Frage: *Wie* lautet Ihre Fragestellung konkret?
Antwort: *Was* kann ich tun, damit ich das Geld für ein Paar neue Schuhe bekomme?

Sie müssen demnach zuerst etwas *tun*, um im Gegenzug etwas dafür zu bekommen. Wir können es auch anders formulieren: um etwas zu *bekommen*, müssen Sie zuerst etwas *geben*! Darum lautet eine verbesserte Fragestellung:

WAS KANN ICH TUN?
oder
WAS KANN ICH GEBEN?

An dieser Stelle könnten Sie fragen: „*Warum* muß ich etwas geben, um etwas zu bekommen? Ist das immer so?"
Antwort: Es ist immer so!
Mir ist noch kein Mensch begegnet, der immer nur Nahrung zu sich genommen hat, ohne auch nur einmal eine Toilette zu frequentieren.
Solange Sie an alten Dingen festhalten, können Sie

keine neuen bekommen. Alles Leben auf dem Planeten Erde befindet sich in einem ‚Fluß'. Wir sprechen nicht umsonst von Wasserkreislauf, Blutkreislauf, Lebenskreislauf oder Wirtschaftskreislauf. Wenn wir nicht weitergeben, was wir bekommen, wird der Kreislauf unterbrochen oder zumindest behindert. Das kann weder zum Wohle des Ganzen noch zu unserem eigenen Wohle sein.

Womit wir wieder bei der Frage sind:

WAS KANN ICH GEBEN?

Jedes Wesen auf diesem Planeten hat ganz spezielle Eigenschaften, Talente, Neigungen und Fähigkeiten. Der Grund dafür ist einfach.
Diese Talente, Neigungen und Fähigkeiten werden von der Welt gewünscht!
Nennen Sie es Gott, Natur, Leben oder Welt, es ändert nichts daran:

AUCH SIE ALS LEBEWESEN SIND MIT
ALL IHREN STÄRKEN UND SCHWÄCHEN
VON DER WELT GEWÜNSCHT!

Schauen Sie sich in der Natur um!
Es gibt keine Pflanze und kein Tier, dessen Existenz sinnlos wäre! Alles hat einen Grund.
Jede Pflanze und jedes Tier hat Eigenschaften, Talente und Fähigkeiten, die von der Welt benötigt werden.

Überall findet ein *Geben* und *Nehmen* statt.
Als Ganzes betrachtet ergibt sich daraus der große und gewaltige Kreislauf der Natur.
Warum sollte der Mensch eine Ausnahme bilden?
Weil er intelligent ist?
Menschen sind die einzigen Wesen auf diesem Planeten, die in ihrer Gier den ernsthaften Versuch unternehmen das *Nehmen (Haben)* zu praktizieren und das *Geben* zu vermeiden.
Ich denke, es zeugt nicht von hoher Intelligenz, zum Beispiel ständig essen und alles behalten zu wollen.
Kein Tier käme auf eine solche absurde Idee!
Darum wieder zu der Frage: *Was kann ich geben?*

Was für Fähigkeiten, Talente und Eigenschaften haben Sie? Schreiben Sie diese auf!
Sie nähern sich damit Schritt für Schritt Ihrem ersten Ziel:

einer Zielbeschreibung!

Was sagen Sie?
Sie haben keine Talente oder großartige Fähigkeiten?
Ich beglückwünsche Sie zu Ihrer Bescheidenheit!
Wenn Sie aber genau lesen, stellen Sie fest, daß ich nicht nach ‚großartigen‘ oder ‚besonderen‘ Fähigkeiten fragte, sondern lediglich darum bat, daß Sie Ihre Fähigkeiten aufschreiben. Gestalten Sie es so einfach wie möglich, denn Wahrheit ist immer einfach!
Mir ist ein Fall bekannt, in dem eine junge Frau ihre

Freundin regelrecht verhöhnte, sie könne ja zumindest gut Hemden bügeln. Ihre Fähigkeit, Hemden zu bügeln, war wirklich fantastisch! Es lag überhaupt kein Grund vor, diese Fähigkeit zu verhöhnen. Heute bügelt diese Frau für überlastete Junggesellen und Familien, und sorgt für deren Wäsche. Damit verdient sie sich ihren Lebensunterhalt. Sie gibt etwas und bekommt auch dafür. Schauen Sie sich nun Ihre Liste an.
Welche Fähigkeiten haben Sie und welche bereiten Ihnen Freude?
Was macht Ihnen Spaß an Ihren Fähigkeiten?
Welche Fähigkeiten geben Ihnen ein Gefühl der Zufriedenheit?
Wir kommen zur nächsten Frage:
Welchen Menschen bieten meine Fähigkeiten einen Nutzen? – oder
Wem kann ich meine Fähigkeiten *Geben* (anbieten)?
Wer benötigt meine Fähigkeiten?
Wenn Sie all diese Fragen schriftlich beantworten, erarbeiten Sie sich nach und nach die Antwort auf die Frage:

WAS WILL ICH?

Auch das ist bereits W-Technik in Anwendung. Sie erarbeiten sich Ihre Zielbeschreibung!

Merke:

> Viele Menschen wissen ganz genau, was sie nicht wollen. Nun müssen sie aber zum ersten Mal genau definieren, was sie wollen. Denn nur wer weiß, was er will, kann erfolgreich sein!

Wenn Sie wissen, was Sie wollen, kann Sie nichts mehr aufhalten.
Beginnen Sie nun damit, Ihr Ziel zu beschreiben.
Dazu folgendes Beispiel:
Frage: Was will ich?
Antwort: einen Buchladen.
Befähigt Sie diese Antwort zum Handeln?
Halten Sie das für ein klar formuliertes Ziel?
Wollen Sie einen Buchdiscountladen oder wollen Sie einen Fachbuchhandel?
Soll es ein großes Buchkaufhaus sein, oder ein kleiner Alternativladen an der Ecke?
Wünschen Sie eine Stammkundschaft oder sind sie hauptsächlich an Laufkundschaft interessiert?
Was wollen Sie durch den Buchladen überhaupt erreichen?
Wieviel möchten Sie damit verdienen?

Arbeiten Sie an dieser Stelle bitte sorgfältig! Schließlich beschreiben Sie hier Ihr Ziel.
Ohne ein klares Ziel vor Augen, können Sie auch kein Konzept erstellen. Ohne Konzept aber handeln Sie

planlos und alles, was Ihnen widerfährt erscheint Ihnen wie ein Wunder!
Was es dann auch wäre ...

Frage 2: WARUM WILL ICH ES?

Beantworten Sie auch diese Frage schriftlich!
Was ist die Motivation Ihres *Tuns*?
Wie stark ist Ihre Motivation?
Es gibt viele Gründe, warum man eine Idee umsetzen möchte,

z.B.: Hobby; ideelle Vorstellung; es sollte so sein ...; andere meinen, es wäre schön, wenn es so etwas gäbe ...; oder ich will davon leben!

Wenn Sie nicht ein ganz persönliches Interesse an der Erreichung Ihres Zieles haben, wie zum Beispiel Gesundheit oder Beruf, benötigen Sie kein weiteres Konzept.

Da Ihre Motivation in einem solchen Fall nicht von Ihnen kommt, sind Sie auch nicht an Ergebnissen interessiert.

Vielleicht sollten Sie dann überprüfen, ob es sich wirklich um Ihr Ziel handelt, oder ob es sich nicht um das Ziel eines oder mehrerer anderer handelt.

Darum merke:

> Ihre Motivation muß von Ihnen kommen, nicht von anderen!

Frage 3:   WAS BIN ICH BEREIT DAFÜR AUFZU-
            GEBEN?

Schreiben Sie auf, womit Sie zur Zeit ihre Zeit verbringen.
Was tun Sie den lieben langen Tag?
Was sind Sie bereit aufzugeben, um das Ziel zu erreichen?
Was haben Sie, was Sie aufgeben könnten, um das Ziel zu erreichen?

Diese Fragen erweisen sich in der Regel als etwas heikel. Zeigt sich doch hier, wieviel einem das angestrebte Ziel wert ist. An dieser Stelle ist es vielleicht hilfreich, einen kleinen Blick auf diejenigen zu werfen, die bereits erfolgreich sind. Man stellt dabei schnell fest, daß diese Menschen fast ausnahmslos auf viele Dinge im Leben verzichten, die einem selbst manch einen Tag *„verschönern"*.
So werden Millionen verdienende Sportler oftmals neidvoll bewundert. Was dabei leicht übersehen wird, ist die Tatsache, daß diese Menschen auf vieles verzichten müssen, um ihr Ziel zu erreichen. Und was noch leichter, oder besser lieber nicht beachtet wird, ist, daß das Ziel dieser Sportler nicht die Anhäufung großer Summen ist, sondern auf ihrem sportlichen Gebiet die Nr. 1 zu werden, zu sein, und zu bleiben. Der Geldfluß ist, so seltsam das auch klingen mag, eine angenehme Begleiterscheinung. Sobald ein Sportler seinen Verstand durch leuchtende Brillanten blenden läßt, und

das Geld zu seinem Ziel wird, kann man überall beobachten, daß seine sportlichen Leistungen nachlassen. Witzigerweise versiegt dann auch der Geldfluß. Die wirklich Erfolgreichen haben nicht das Geld als oberstes Ziel in ihrem Leben. Eine solche Vorstellung wäre töricht und irreführend. Außerdem ist der Besitz von Geld, ohne etwas dafür zu tun (zu geben) auf die Dauer ebenso unbefriedigend, wie der Zustand der Arbeitslosigkeit. Lediglich die Begleitumstände sind als angenehmer zu bewerten. Doch als Ziel ist Geld nicht erstrebenswert, denn es macht nicht glücklich. Den Zustand des *„Glücklichseins"* erreicht man ausschließlich durch GEBEN! Das Glücksempfinden durch Anhäufung von Materie ist von flüchtiger Natur. Es läßt uns zu Jägern werden, die die Gefangenen einer Illusion sind. All diese Gedanken und Anregungen dienen nur dem einen Zweck: Ihnen zu helfen, Ihr wirkliches Ziel in Ihrem Leben zu finden. Darum seien Sie sich selbst gegenüber ehrlich und schauen sich an, was Sie bereit sind aufzugeben. Schreiben Sie die Antwort auf. Nach der Beantwortung dieser Frage gehen Sie weiter zu Frage 4.

Frage 4: WAS BIN ICH BEREIT
DAFÜR ZU TUN?

Wie groß ist meine Einsatzbereitschaft?
Wieviel ist mir das Ziel wert?

Auch die Beantwortung dieser Fragen dient nur dem einen Zweck: Herauszufinden, wieviel einem die Erreichung des beschriebenen Zieles bedeutet.
Die Fragen Nr. 3 und Nr. 4 bilden praktisch einen Komplex, die einem das angestrebte Ziel bewußt machen sollen. Sind wir bereit, für unser Ziel „Opfer" zu bringen?
Und wenn ja, wie viele und welche?
Sind wir beispielsweise bereit, unsere Freizeit einzusetzen, um unser Ziel zu erreichen?
Die Frage 4 ist deshalb von entscheidender Bedeutung, weil es immer eines gesteigerten, um nicht zu sagen, enormen Energieaufwandes bedarf, um die alten, eingefahrenen Lebensgewohnheiten zu verlassen. Man muß erst eine gewisse Trägheit überwinden, bevor man die neuen Lebenspfade erreicht. Sehr deutlich wird dieses Phänomen beim Start einer Rakete. Die meiste Energie wird in der Startphase benötigt. Hat sie den Bereich der Erdanziehung erst einmal verlassen, ist der Energieverbrauch vergleichsweise verschwindend gering.
Nun sind die Menschen keine Raketen, doch lassen sich gewisse Parallelen nicht verkennen. Jemand, der sich beruflich verändern (verbessern) möchte, wird zum Bei-

spiel zusätzlich zu seiner beruflichen und eventuell auch familiären Belastung abends noch einmal die Schulbank drücken.

Eine ungeheure Energieleistung ist dazu notwendig. Er ist bereit auf vieles zu verzichten und alles einzusetzen (zu geben), was in seinen Kräften steht. Nach der Verbesserung seiner Qualifikation ändern sich auch seine Lebensumstände, und zwar so, wie er es sich gewünscht hat. Darum denken Sie an dieser Stelle bitte darüber nach, was Sie bereit sind für die Erreichung Ihres Zieles zu tun!

Nach der schriftlichen Beantwortung gehen Sie weiter zu Frage 5.

Frage 5:   WILL ICH ES WIRKLICH?

Nach all dem, was Sie bis jetzt aufgeschrieben haben, überprüfen Sie noch einmal Ihr Ziel.
Ist es wirklich das, was Sie wollen?
Oder haben Sie vielleicht doch andere Vorstellungen?

Diese Fragen schließen den Komplex der Zielfindung fast ab. Sie werden gebeten, nachdem Sie sich über die Konsequenzen Ihrer Wünsche Gedanken gemacht haben, noch einmal zu hinterfragen. Sie stehen damit an einem Scheidepunkt in Ihrem Leben. Ich betone an dieser Stelle nochmals, daß Sie sich gegenüber absolut ehrlich sein müssen.
Beantworten Sie die Frage mit „Ja" und stehen nur zu 99% dahinter, ist Ihr weiteres Vorgehen zum Scheitern verurteilt. Die 1% werden Ihnen nach und nach Probleme bereiten.
Kleinere Schwierigkeiten machen, wenn sie sich häufen, aus 1% nach relativ kurzer Zeit 2%, 3%, 5% oder 10%. Der innere Widerstand wird größer und beeinflußt Ihr Handeln. Spätestens wenn Sie nur noch zu 50% hinter dem stehen, was Sie tun, werden Ihre Kraftreserven angegriffen. Sie nähern sich dann mit steigendem Tempo dem Tag, an dem Sie die Frage „Will ich es wirklich?" ehrlich und von Herzen mit „Nein" beantworten. Um sich demnach unangenehme zeit- und kraftraubende Zyklen zu ersparen, haben Sie an dieser

Stelle noch einmal die Gelegenheit, Ihr Ziel zu überprüfen.

Daß diese Frage genau hier und dazu auch nur einmal gestellt wird, bedeutet nicht, daß sie nicht immer wieder gestellt werden kann und sollte. Ganz im Gegenteil, es ist mit eine der wichtigsten Fragen überhaupt und sollte immer wieder zur Überprüfung des eigenen Handelns herangezogen werden.

Sie sollten wissen und sich dessen immer sicher sein, daß es niemals zu spät ist, Dinge zu ändern. Darum machen Sie es sich zur Gewohnheit, öfter zu hinterfragen, ob Sie das, was Sie gerade tun, auch wirklich wollen.

Kommen Sie bei dieser Frage zu einer negativen Antwort, gehen Sie eben wieder zu Frage 1 zurück und beginnen erneut. Ansonsten arbeiten wir weiter und gehen zu Frage 6.

Frage 6: **WIRD DAS, WAS ICH WILL, AUCH VON DER WELT GEWÜNSCHT?**

Ist das, was ich will, auch im Einklang mit der Welt, den Menschen, dem Planeten?
Füge ich der Welt einen Schaden zu, oder biete ich ihr einen Nutzen?

Diese Fragestellung ist zugegebenermaßen etwas problematisch. Es gibt Menschen, die der Ansicht sind, daß es nicht wichtig ist, ob der Welt ein Schaden zugefügt wird oder nicht. In ihren Augen leuchten Dollarnoten und sie zeigen deutlich Symptome einer Geisteskrankheit, auf die ich in dem Büchlein „Das Lobha-Syndrom – oder Gieren ist menschlich..." bereits näher eingegangen bin.
Da es wenig Sinn macht, den Ast, auf dem wir sitzen, abzusägen, sollten wir uns mit der Frage Nr. 6 eingehend auseinandersetzen. Wenn jemand zum Beispiel feststellt, daß er wunderschöne Gedichte schreiben kann, sollte er mit Ruhe, Bedacht und einer gewissen Losgelöstheit sich die Frage stellen: „Biete ich mit meinen Gedichten der Welt einen Nutzen?" So bedauerlich das auch klingen mag, aber hier zeigt „der Markt" mit unglaublicher Härte seine Interessenlosigkeit an Gedichtbänden. Woran liegt das?
Selbst Menschen, die von sich behaupten, sie können sich nicht ausdrücken, erleben oftmals eine wundersame Wandlung, wenn sie von der Liebe berührt werden. Fast jeder, der verliebt ist, bringt mit Leichtigkeit

einige lyrische Zeilen zustande, denn sein Herz wurde geöffnet für den gewaltigen Strom der kreativen Lebenskraft. Da aber fast jeder einmal die Situation des *„verliebt seins"* kennenlernt, ist die Fähigkeit des Dichtens etwas, was vielen in der einen oder anderen Weise gemeinsam ist. Zwar bestehen durchaus qualitative Unterschiede, doch hat das auf den Markt wenig Auswirkungen.

Das, was den Dichter und Poeten von anderen Menschen unterscheidet, ist seine Fähigkeit, sein Herz ständig für diesen Strom der Lebenskraft, das kreative Potential zu öffnen. Jemand mit geschlossenem Herzen hat aber in der Regel wenig Sinn für Poesie. Von daher bietet ein Poet einen vielleicht weit größeren Nutzen, wenn er den Menschen hilft, ihr Herz wieder zu öffnen, so daß sie erneut Zugang zu den schönen Dingen dieser Welt finden, denn nur dann können sie seine Gedichte auch verstehen.

Darum benutzen Sie bei der Frage, ob das, was Sie wollen, auch von der Welt gewünscht wird, Ihren gesunden Menschenverstand!

Kommen Sie hier zu einem ungünstigen Ergebnis für die Welt, so beginnen Sie bitte wieder bei Frage 1.

Ansonsten gehen Sie zur nächsten Frage.

Frage 7: WAS IST BEREITS VORHANDEN?

Schreiben Sie hier auf, was Ihnen bereits zur Verfügung steht,
z.B.: Fähigkeiten, Geldmittel, Helfer, ...
Antworten Sie an dieser Stelle nicht einfach *„Nichts"*. Es entspräche nicht der Wahrheit!
Schließlich sind Sie selbst doch da.
Und Sie sind der wichtigste Punkt in dieser Bestandsaufnahme. Denn ohne Sie würde Ihr Ziel niemals Wirklichkeit. Darum nehmen Sie sich für diesen Punkt genügend Zeit. Schreiben Sie auf einem Blatt Papier erst einmal auf, was Ihnen spontan dazu einfällt. Halten Sie fortan dieses Blatt möglichst ständig griffbereit, so daß Sie jederzeit, wenn Ihnen hierzu etwas in den Sinn kommt, Ihre „Inventurliste" vervollständigen können. Der Grund für diese Art des Vorgehens liegt in der Komplexität Ihres Lebens begründet. Wir können ein Menschenleben nicht mit einem Warenlager vergleichen. Leider – muß man da in diesem Fall schon sagen, denn dann wäre dieser Punkt des Fragenkatalogs recht leicht zu handhaben. Wir bräuchten nur durch unser *„Lebenslager"* marschieren und all das zu notieren, was wir dort vorfinden. Doch erweist sich eine Lebenssituation meist als ungemein komplizierter. Auch sind wir anfangs geneigt, Punkte vorschnell zu bewerten und sie deshalb gar nicht erst zu notieren. Schreiben Sie darum alles auf, was mit Ihrer jetzigen Situation zu tun hat. Bewerten und streichen können Sie später immer

noch. Oftmals sind es die im ersten Augenblick unwichtig erscheinenden Dinge, die später die Lösung herbeiführen.

Es heißt zwar „alle Wege führen nach Rom", doch werden Sie sich schwer tun, diesem altrömischen Glauben gerecht zu werden, wenn Sie nicht einmal wissen, wo genau Sie sich auf diesem Planeten befinden. Darum ist die Beantwortung dieser Frage auch von entscheidender Bedeutung für Ihre erfolgreiche Zielerreichung. Hierdurch werden Sie sich bewußt, wo Sie im Leben stehen.

Sie brauchen auch nicht nervös zu werden, wenn Sie einen eklatanten Abgrund zwischen dem, was *ist* und dem, was *sein soll* entdecken. Sie werden Schritt für Schritt Ihr Ziel erreichen.

Beschreiben Sie Ihre Situation, wie sie zur Zeit ist.

Nach dieser Bestandsaufnahme gehen Sie weiter zur nächsten Frage.

Frage 8: WAS IST DER NÄCHSTE SCHRITT, DEN ICH TUN KANN?

Diese Frage ist eine der Schlüsselfragen!
Es kommt auf die exakte Antwort an. Schauen Sie sich Ihre Situation an und fragen dann, was Sie aus dieser Situation heraus als nächstes *tun* können.

Mit dieser Frage eröffnet sich der zweite Teil der W-Technik. Im ersten Teil ging es um die Zielfindung. Hier geht es jetzt um die Zielerreichung.
Bei dieser Frage zeigt sich, daß, je genauer die Frage Nr. 7 beantwortet wurde, desto leichter läßt sich der nächstmögliche Schritt finden. Angenommen, wir wollten in den 2. Stock eines Hauses, dann wäre der Weg über die entsprechende Treppe vorgegeben. Der jeweils nächste Schritt wäre immer das Erklimmen der nächsthöheren Stufe.
Leider, oder Gott sei Dank, erweist sich das Leben als entschieden komplexer und damit komplizierter als eine einfache Treppe. Darum bedarf es an dieser Stelle einer gewissen Kreativität, um den nächsten Schritt zu finden. Das Unangenehme ist, daß uns der Schritt in alle möglichen Richtungen führen kann. Doch sollte uns dieser Sachverhalt nicht verunsichern, sondern eher ermuntern, denn wenn wir uns mit dieser Frage beschäftigen, haben wir den schwierigsten Teil unserer Aufgabe bereits bewältigt. Wir wissen nämlich, was wir wollen! Und dieses Wissen öffnet erfahrungsgemäß unser Herz, so daß wir auf unser kreatives Potential Zu-

griff haben. Es mag sich ein regelrechter Ideenrausch entwickeln, darum bitte ich an dieser Stelle um Vorsicht. Schreiben Sie alles auf, was Ihnen zu dieser Frage einfällt. Das Bewerten und Aussondieren der Ideen über die möglichen nächsten Schritte geschieht in einer späteren Phase. Es kann sein, daß Sie gerade von Frage 9 hierher zurückgeschickt wurden. Ist das der Fall, empfehle ich Ihnen, sich noch einmal mit Frage 7 zu beschäftigen. Haben Sie irgendetwas übersehen, was Ihre Situation betrifft. Je mehr Sie sich über Ihre jetzige Lage bewußt werden, desto leichter finden Sie den nächsten Schritt.

Sobald Sie einen oder mehrere gefunden haben, gehen Sie weiter zu Frage 9.

Frage 9: KANN ICH DIESEN SCHRITT GEHEN?

Die Antwort auf diese Frage führt uns schnell in die nackte Realität des Hier und Jetzt zurück. An dieser Frage zerplatzen oftmals Träume wie bunt schillernde Seifenblasen im Wind. Und das ist gut so, denn wie sollte man sonst erfolgreich und mit den Ergebnissen (Folgen) seines *Tuns* zufrieden sein können. Darum ist es hier besonders wichtig zu prüfen, ob man den gefundenen Schritt auch hier und jetzt gehen kann.

Dazu ein kleines Beispiel:
Jemand möchte einen Kiosk aufmachen und benötigt dafür ein Startkapital von sagen wir 20 000,– DM. Für dieses Geld würde er sich einen entsprechenden Warenbestand zulegen und könnte die ersten Monatsmieten bezahlen. Antwortet er auf die Frage 8 „Was ist der nächste Schritt?" mit „Ich miete einen kleinen Laden an, welcher in der Nachbarschaft gerade freigeworden ist", so kann man immerhin seine Zielstrebigkeit und seinen Eifer bewundern. Mit der Frage 9 muß aber die *„Notbremse"* gezogen werden. Die Frage „Kann ich diesen Schritt gehen?" vermag er zwar mit „Ja" zu beantworten, leider jedoch nicht im Hier und Jetzt!

Es kommt nicht darauf an, daß der Schritt irgendwann einmal getan werden kann, sondern immer nur im Hier und Jetzt. Dies soll jedoch nicht dazu führen, daß Sie einen Schritt, den Sie zukünftig gehen können, als wertlos aus Ihren Aufzeichnungen streichen. Denn mit einem solchen Schritt haben Sie nämlich ein Teilziel Ihres Schrittplanes gefunden, den Sie sich mit dieser Arbeit erstellen.

Bei dieser Art der Vorgehensweise kommt es darauf an, bewußt den ersten vor dem zweiten Schritt zu machen und nicht Ihre ohnehin begrenzte Anzahl an Beinen miteinander zu verknoten. Darum schauen Sie sich an, ob Sie den beschriebenen Schritt hier und jetzt auch wirklich ausführen können. Wenn nein, so ist es ganz einfach nicht der nächste Schritt!

In einem solchen Fall gehen Sie wieder zu Frage 8!
Ansonsten gehen wir weiter zu Frage Nr. 10.

Frage 10: BRINGT MICH DIESER SCHRITT MEINEM ZIEL NÄHER?

Besteht eine Notwendigkeit für diesen Schritt?

Betrachten Sie den nächsten Schritt unter dem Aspekt der Zielerreichung!

Dazu ein Beispiel:
Sie haben einen Buchladen. Zusätzlich bieten Sie ein kleines Musikcassettenprogramm an. Die örtliche Lage des Ladens ist schlichtweg katastrophal. Ihr monatlicher „Gewinn" liegt um die 500,– DM. Davon können Sie nicht leben. Ein möglicher Schritt wäre, das Cassettenprogramm um einige Cassetten zu erweitern. Ist dieser Schritt vielversprechend?
Ja!
Dieser Schritt wird den Ruin beschleunigen und der Qual ein Ende bereiten.
Der nächste mögliche Schritt müßte sein, erst einmal festzustellen, mit welchen Büchern dieser Gewinn gemacht wird.
Eine genaue Beschreibung dessen, was zur Zeit vorhanden ist, beziehungsweise wie sich ihre Situation genau darstellt, wäre nicht nur sehr hilfreich, sondern ist absolut notwendig. Erst wenn Sie wissen, was vorhanden ist, können Sie den nächsten Schritt finden.
Ein anderes Beispiel aus dem alltäglichen Leben verdeutlicht vielleicht die Wichtigkeit dieser Frage.
Stellen Sie sich einmal vor, Sie säßen an einem wunder-

schönen Samstagnachmittag in Ihrem Wohnzimmer. Nachdem Sie mehrere Tassen Kaffee getrunken haben, werden Sie von einem unwiderstehlichen inneren Drang beseelt, die nächstgelegene Toilette aufzusuchen und bestimmungsgemäß zu benutzen. Sie haben demnach ein klares Ziel vor Augen, und die Frage „Was will ich?" ist schon fast zu milde formuliert. Man sollte treffender sagen: „Sie *müssen!*"

In dieser Situation käme die nächste Frage: „Was ist der nächste Schritt, den ich tun kann?" Hier zeigt sich, daß Ihnen in Ihrer Lage ungemein viele Möglichkeiten zur Verfügung stehen. Beispielsweise können Sie als nächsten Schritt den Fernseher einschalten. Aber halten Sie das für eine geeignete Maßnahme, Ihrem Ziel (der Toilette) auch nur einen Schritt näherzukommen? Wohl kaum! Das einzige, was dann näherrückt, könnte mit einer mittelschweren Katastrophe verglichen werden ...

Um daher unnötige Irrwege, die häufig mit Unannehmlichkeiten verbunden sind, zu vermeiden, beantworten Sie bitte die Frage Nr. 10. Lassen Sie auch hier Ihren gesunden Menschenverstand nicht ungenutzt! Lautet die Antwort auf diese Frage „Nein", so gehen Sie zurück zu Frage Nr. 8.

Ist die Antwort aber „Ja", so tun Sie den Schritt. Damit verändern Sie Ihre Situation. Betrachten Sie danach die neue, leicht veränderte Lage. Wenn die neue Situation jetzt Ihrem Ziel entspricht, möchte ich Ihnen gratulieren.

Ist das noch nicht der Fall, so gehen Sie wieder zu Frage Nr. 8. Diese Prozedur wiederholen Sie solange, bis Sie Ihr Ziel erreicht haben.

Zusammenfassung:

1. Was will ich?
2. Warum will ich es?
3. Was bin ich bereit, dafür aufzugeben?
4. Was bin ich bereit, dafür zu tun?
5. Will ich es wirklich?
6. Wird das, was ich will, auch von der Welt gewünscht?
7. Was ist bereits vorhanden?
8. Was ist der nächste Schritt, den ich tun kann?
9. Kann ich diesen Schritt gehen?
10. Bringt mich dieser Schritt meinem Ziel näher?

Nachdem Sie nun, so hoffe ich, Ihrem wirklichen Ziel schon einen großen Schritt nähergekommen sind, indem Sie es überhaupt erst einmal herausgefunden haben, sollten Sie sich vor überstürzten Aktionen hüten.

So angenehm es vielleicht auch sein mag, einem Chef, den man womöglich schon seit Jahren nicht mehr leiden kann, eine eigenhändig unterschriebene Kündigung auf den Tisch zu legen, so unangenehm sind die Konsequenzen übereilter Handlungen. Denn wenn man alte Zyklen zu Ende bringt und neue beginnt, wird man zwangsläufig mit einem universalen Gesetz konfrontiert. Um die Wirkungsweise dieses Gesetzes zu verdeutlichen, hier wieder ein kleines Beispiel:

Ein Mann hatte herausgefunden, daß sein wirkliches Ziel auf dem Lande lag. Er wollte Bauer werden. Wie es das „Schicksal" so wollte, wurde ihm eines Tages auch ein großes Feld zur Verfügung gestellt. Da er von dem Ertrag dieses Feldes leben konnte, kündigte er noch am gleichen Tage seinen Arbeitsvertrag, besorgte sich von seinen Ersparnissen die notwendige Saat und begann das Feld zu bestellen. Nachdem er seine Arbeit vollbracht hatte, mußte er geduldig warten, bis daß er ernten konnte. Leider erlebte er diesen Zeitpunkt nicht mehr. Da all seine Ersparnisse recht schnell aufgebraucht waren, zwang ihn sein Magen das Zeitliche zu segnen. Wie es oft so ist in solchen Tragödien, wurde die Ernte von der ungeliebten Verwandtschaft eingefahren...

Dieses Beispiel mag Sie traurig stimmen, jedoch veran-

schaulicht es sehr gut, worum es bei diesem Gesetz geht.
Mit dem, was Sie bis jetzt getan haben, lenkten Sie Ihre Energien in eine bestimmte Richtung. Ziehen Sie nun Ihre Energien ab, entsteht an der Stelle ein Vakuum. Es dauert oft einige Zeit, bis daß die auf ein neues Ziel gerichteten Energien Wirkungen zeigen. Da Sie aber die Wirkungen auch erleben möchten, müssen Sie mit Hilfe Ihres gesunden Menschenverstandes diesen Zeitraum überbrücken. Sie sollten wissen, daß es nicht unbedingt leicht ist, auf den *eigenen Füßen* zu stehen, aber es ist ungemein befriedigender. Mit Hilfe der W-Technik ist es jedoch auch möglich, diesen, nennen wir es einmal *„Neuordnungszeitraum"* von vornherein auszuschließen, wie das nächste Beispiel zeigen soll.
Es geht wieder um eine Buchhandlung. Stellen Sie sich einmal vor, Sie möchten sich als Buchhändler selbständig machen. Normalerweise handelt es sich bei einem solchen Vorhaben um ein schwieriges Unterfangen. Und wenn Sie kein Kapital im Rücken haben, wird es kaum noch zu bewältigen sein. Doch der erste (vermeintlich realistische) Blick täuscht! Ein interessanter Ansatz Ihr Problem zu lösen lautet nämlich folgendermaßen:

Frage: Wer hat ein ureigenstes Interesse an (m)einer Buchhandlung?
Antwort: Die Kunden und die Verlage.
Frage: Warum haben Verlage ein Interesse an Buchhandlungen?

Antwort: Weil Buchhandlungen der Vermittler zum Kunden (Leser) sind.
Frage: Wie groß ist das Interesse der Verlage an Buchhandlungen?
Antwort: So groß, daß es sich für sie als Problem darstellt.
Frage: Wie lösen die Verlage dieses Problem?
Antwort: Die großen Verlage haben einen Verkaufsaußendienst, und die kleineren und mittleren Verlage haben an dieser Stelle in der Regel ein Problem.
Frage: Wie groß ist der qualitative Unterschied der Bücher von großen und von kleinen Verlagen?
Antwort: Es gibt keinen. Die Bücher der kleineren Verlage sind lediglich weniger präsent. Wenn ein möglicher Kunde aber keine Kenntnis von einem Produkt hat, wie soll er es dann kaufen?

Wenn Sie nun mit Ihrem Buchladen sozusagen den Engpaß eines kleinen oder mittleren Verlages darstellen, dann machen Sie doch folgendes Angebot:

Gemäß dem Motto „Das Haus der hundert Häuser" stellen Sie den Verlagen gegen eine monatliche Kostenbeteiligung von 100,- bis 250,- DM einen Teil Ihrer Ladenfläche zur Verfügung. Der Verlag kann dafür bei Ihnen sein gesamtes Verlagsprogramm präsentieren. (Das sind im Durchschnitt um die hundert verschiedene Titel.) Die Abrechnung der Bücher erfolgt quartalsweise. Der Verlag steht nur noch vor der Frage, ob seine Bücher so gut sind, daß, wenn sie präsentiert werden, auch genügend verkauft werden, um die „Miete" hereinzubringen. In der Regel wird diese Frage von einem Verleger bejaht. Sie hingegen lösen damit mehrere Probleme gleichzeitig. Die Verlage lösen ihr *„Außendienstproblem"* und Sie sind nicht mehr so stark umsatz- und damit gewinnabhängig. Je nach Größe Ihrer Buchhandlung und Anzahl der von Ihnen betreuten Verlage sind Sie überhaupt nicht mehr gewinnabhängig, da Sie kostendeckend arbeiten. Um noch einmal die W-Technik zu veranschaulichen, hier ein kleines Schaubild, welches die Vorgehensweise zeigt.

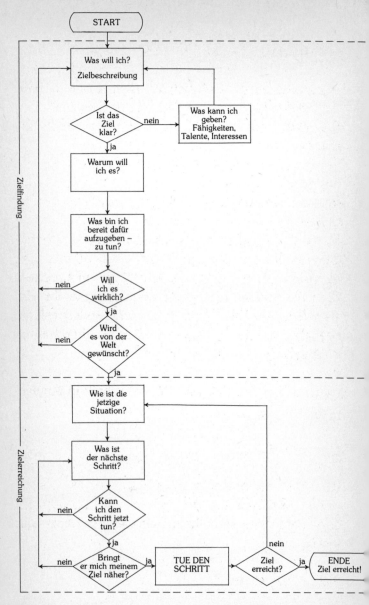

Zusammenfassend stellt sich die W-Technik folgendermaßen dar. Sie betrachten Ihre Situation, wie sie ist.
Sie beschreiben Ihr Ziel, bzw. die Situation, in der Sie sein möchten.
Sie fragen nach dem nächstmöglichen Schritt, den Sie *tun* können. Sie *tun* diesen Schritt. Dadurch verursachen Sie etwas. Die Wirkung ist eine leicht veränderte Situation.
Sie betrachten wieder Ihre Situation, wie sie sich nun darstellt. Sie schauen wieder auf Ihr Ziel und fragen nach dem nächstmöglichen Schritt. Sie *tun* ihn. Diese Prozedur wiederholt sich solange, bis Sie Ihr Ziel erreicht haben. Die W-Technik ist nichts anderes als die bewußte Anwendung des Gesetzes von Ursache und Wirkung!

Hier noch einige Beispiele für W-Technik in Anwendung:

Beispiel 1:
Sie haben die Fähigkeit arabische Gerichte zuzubereiten. Ihr Ziel ist eine entsprechende Imbißkette.
Neben Ihrem Einkommen, das Sie vollständig zum Leben brauchen, steht Ihnen kein weiteres Kapital zur Verfügung.
Ihre Situation ist hoffnungslos!
Meinen Sie wirklich?

Sie stellen sich die Frage „*Was will ich?*" und beginnen Schritt für Schritt sich ein Konzept zu erarbeiten. Sie haben ordentliche Arbeit geleistet und ein Konzept in der Hand. Dieses Konzept ist brauchbar und durchführbar.
Darum machen Sie sich auf den Weg, um einen Geldgeber zu suchen. Bis hier hin ist Ihre Vorgehensweise schon gut!
Sie suchen, und suchen, und suchen ...
Sie beginnen zu zweifeln, daß, wer suchet auch findet!
Niemand ist bereit Ihnen Geld zur Verfügung zu stellen.
Warum?
Möglicherweise fehlt Ihnen eine gewisse verkäuferische Fähigkeit, die einen Geldgeber veranlassen könnte, Ihnen, nach seinem Ohr auch noch sein Geld zu leihen.
Was tun Sie?
Sie geben auf!
Ist das klug?
Ist das Ihrer Idee gegenüber fair?
Ist das Ihnen gegenüber fair?
Die ganze Arbeit, die Sie bis jetzt geleistet haben, sollte umsonst sein?
Die ganze Arbeit, die ich bis jetzt geleistet habe, sollte ebenfalls umsonst sein?
Natürlich geben Sie nicht auf!

Sie stellen sich die Frage:

> Was ist der nächste Schritt, den ich tun kann?

Antwort:	Ich kann arabische Spezialitäten zubereiten und verkaufen. Wie ich es zubereite, brauche ich an dieser Stelle nicht zu klären, da es meine Fähigkeiten sind.
Frage:	Wie verkaufe ich meine arabischen Spezialitäten?
Antwort:	Ich weiß nicht.
Frage:	Wem verkaufe ich sie?
Antwort:	Menschen, die gerne etwas außergewöhnliches essen.
Frage:	Wo verkaufe ich?
Antwort:	Da ich kein Ladenlokal habe, und die Kunden nicht zu mir kommen können, muß ich zu den Kunden. Ich biete den Kunden an, bei Ihnen zu Hause arabisch zu kochen. Eine ideale Gelegenheit für jemanden, der eine Party oder einen kleinen Festabend gibt (z.B.: Abiturfeier etc.).
Frage:	Wie erreiche ich meine Kunden?
Antwort:	Ich kann Anzeigen schalten, in denen ich es bekannt mache.
Frage:	Ich habe nicht das Geld für eine Anzeige, was kann ich dann tun?
Antwort:	Ich lade den Redakteur der örtlichen Tageszeitung ein, bei ihm zu Hause arabisch zu kochen. Dafür bitte ich ihn darüber zu berichten ...

Nach dem Bericht in der Zeitung, sind die Probleme, die

Kunden zu erreichen, zum größten Teil gelöst. Dieses Angebot wird nämlich zum Stadtgespräch.
Verlieren Sie nun aber nicht Ihr Ziel aus den Augen. Schließlich wollten Sie ursprünglich eine Imbißkette. Schauen Sie sich also an, was Sie als nächstes *tun*, um das zu verwirklichen!

Beispiel 2:

Sie haben den Wunsch, nach Ihrem Abitur für ein Jahr nach Amerika zu gehen, und dort zu arbeiten. Nach diesem Jahr möchten Sie wieder zurück und studieren.
Sie beginnen damit, Informationen zu sammeln und stellen folgendes fest:

1. Sie bekommen erst dann einen Arbeitsvertrag, wenn Sie eine Arbeitsgenehmigung haben.
2. Sie bekommen erst dann eine Arbeitsgenehmigung, wenn Sie einen Arbeitsvertrag haben.

Diesen bürokratischen Widerspruch vermögen Sie nicht aufzulösen.
Sie geben auf!
Wie anders hätte Ihr Leben verlaufen können, wenn Sie Ihr Ziel weiterverfolgt hätten.

Mit W-Technik wäre es sicher anders verlaufen.

Frage: Was benötigt die Behörde, um eine Arbeitsgenehmigung zu erteilen?

Antwort: Einen Arbeitsvertrag.
Frage: Was benötigt der Arbeitgeber, bevor er den Arbeitsvertrag machen kann?
Antwort: Eine Arbeitsgenehmigung für den Ausländer.
Frage: Wer von beiden Seiten ist der flexiblere?
Antwort: In der Regel der Arbeitgeber.

Wenn der Sachverhalt so ist, gehen Sie zu der Behörde und lassen sich schriftlich bestätigen, daß Sie im gleichen Augenblick, in dem Sie einen Arbeitsvertrag haben, auch die entsprechende Genehmigung bekommen. Mit dieser Bestätigung gehen Sie zu Ihrem Arbeitgeber. Sie bekommen den Arbeitsvertrag, da die Bescheinigung der Behörde ein hochoffizielles Dokument ist.

Beispiel 3:

Sie stellen fest, daß Sie erhebliches Übergewicht haben.
Diesen Zustand wünschen Sie zu ändern.
Darum beschreiben Sie Ihr Ziel: Normalgewicht!

Frage: Was bin ich bereit dafür zu tun?
Antwort: Ich bin bereit mich mit Ernährung zu beschäftigen, und bewußt Aufmerksamkeit auf meine Eßgewohnheiten zu legen.
Frage: Was bin ich bereit dafür aufzugeben?
Antwort: Ich bin bereit auf all das an Nahrung zu verzichten, was diesem Ziel entgegensteht.

Frage: Will ich es wirklich?
Antwort: Ja!

Dann kann niemand Sie an der Erreichung Ihres Zieles hindern!

Das wichtige an der W-Technik sind die W-Fragen.
Hinterfragen Sie!
Jedesmal, wenn ein Stop ihren Weg kreuzt, hinterfragen Sie! Warum? Wer? Wo? Was? Wann? etc.
Die W-Fragen sind sogenannte ‚offene Fragen'. Das heißt, in der Regel kann nicht einfach mit *Ja* oder *Nein* geantwortet werden. Sie sind gezwungen ausführlicher zu antworten. Das aber entwickelt und fördert Kreativität!
Sollten Sie zum Beispiel das Ziel haben, einen Geldgeber für ein Projekt zu finden, so können Sie auch das tun.
Hinterfragen Sie!
Was kann ich einem potentiellen Geldgeber an Nutzen bieten, daß er mein Projekt finanziert?
Wer hat ein Interesse an meinem Projekt?
Wem diene ich damit?
usw.
Wie dem auch sei, ein Problem ist nichts anderes als der Unterschied zwischen dem, was *ist*, und dem, was *sein soll*. Wenn Sie Ihr Ziel kennen, und wenn Sie Ihre jetzige Situation kennen, dann können Sie sich einen eigenen *Schrittplan* erstellen. Sie folgen Ihrer Schrittplanung und kommen automatisch zu Ihrem Ziel.

Auf Schritt 1 folgt Schritt 2 usw.

Und damit verändern Sie Ihre Situation – Schritt für Schritt. Sie setzen Ursachen und ernten Wirkungen.

Diese Wirkungen *erfolgen* – sie sind *Ihr Erfolg*, denn Sie haben sich diese Wirkungen gewünscht.

Durch diese Art des Handelns werden Sie zufriedener mit sich selbst und mit Ihrem *Tun*.

Mit Hilfe der W-Technik können Sie Ihre Idee durchsetzen, realisieren. Dann rücken Träume in greifbare Nähe.

Und auch Sie werden zu den Menschen gehören, die sagen: „Ich aber träume von Dingen, die niemals waren, und frage: *Warum nicht ...?*"

Vielleicht ist es gerade Ihre Idee, von der gesagt wird – ‚diese Idee erobert die Welt'!

Eine Idee allein aber hat nicht die Kraft, die Welt zu erobern. Es bedarf immer Ihrer Hilfe.

Ohne Sie, ohne Ihre Disziplin, ohne Ihr *Tun*, ist eine Idee nichts weiter, als ein Stern am Firmament.

An Ihnen liegt es, was aus Ihren ‚Sternen' wird.

Das einzige, was Sie von Ihrem Ziel trennt, sind die nächstmöglichen begehbaren Schritte, die Sie noch nicht gegangen sind.

In diesem Sinne – viel Erfolg!

Schlußbemerkung:

Sollte Ihre Schuhsituation wirklich so desolat sein, wie Eingangs angenommen, könnten Sie zum Beispiel folgendes *tun*:
Gehen Sie durch die Stadt spazieren und suchen Sie Geld. Das liegt tatsächlich auf der Straße.
Ab und zu verliert nämlich jemand etwas. Das ist dann für Sie! Suchen Sie solange, bis Sie ungefähr 5,- DM zusammen haben. Betteln sollten Sie vermeiden, denn das haben Sie nicht nötig! Wenn Sie die 5,- DM haben, kaufen Sie sich einen Bleistift und einige Blatt Papier. Und dann fangen Sie einfach an zu schreiben. Zum Beispiel folgendes:
„In dem Augenblick, in dem Ihnen Ihr Tastsinn den deutlichen und nicht mehr länger zu leugnenden Eindruck vermittelt, daß Sie in Ihren Schuhen bereits barfuß gehen, sollten Sie sich ernsthafte Gedanken über Ihre Situation machen. Zwei Möglichkeiten können zu dieser Situation geführt haben ...".

Weitere Werke von GEROME HARJISON:

DIE AUFLÖSUNG DER „DUNKLEN FÜNF" (Bände I–V)

I.: **Das Krodha-Syndrom**
– Nichts als Ärger mit dem Ärger –

In diesem Buch beschreibt der Autor in humorvollen Ton die Wirkung von Ärger und wie man diesen kontrolliert.

II.: **Das Lobha-Syndrom**
– Gieren ist menschlich –

Auf witzige Art beschreibt Gérome Harjison hier die Krankheit „Gier" und zeigt auf, wie man sich ihrer entledigt.

III.: **Das Moha-Syndrom**
– Drum prüfe wer sich ewig bindet –

Wie sich Bindungen auf den Menschen auswirken bzw. ihn versklaven und wie man diese wieder auflöst, beschreibt der Autor hier auf seine bekannte humorvolle Art.

IV.: **Das Kama-Syndrom**
– Die Lust kommt selten allein –

Die Folgen der „Lust" mit allen damit zusammenhängenden Übeln erläutert der Autor hier auf die ihm eigene Art und beschreibt Möglichkeiten, mit dieser „Krankheit" fertig zu werden.

V.: **Das Ahankara-Syndrom**
– Spieglein, Spieglein an der Wand –

In diesem Syndrom-Büchlein führt uns der Autor ebenfalls sehr humorvoll die Falle der Eitelkeit und des Egoismus vor Augen.

HUMOR ist das grundlegende Erkennungszeichen der Reihe **HUMORISTISCHE LEBENSHILFE,** denn es ist eines der wichtigsten Mittel, sich mit den täglichen Problemen auseinanderzusetzen.